Tiburones

Julie Murray

Abdo
Kids

¡ME GUSTAN LOS ANIMALES!

abdopublishing.com

Published by Abdo Kids, a division of ABDO, PO Box 398166, Minneapolis, Minnesota 55439.
Copyright © 2018 by Abdo Consulting Group, Inc. International copyrights reserved in all countries.
No part of this book may be reproduced in any form without written permission from the publisher.

Printed in the United States of America, North Mankato, Minnesota.

052017
092017

Spanish Translator: Maria Puchol

Photo Credits: iStock, Shutterstock, ©Nick Long p.22 / CC BY-SA 2.0

Production Contributors: Teddy Borth, Jennie Forsberg, Grace Hansen

Design Contributors: Christina Doffing, Candice Keimig, Dorothy Toth

Publisher's Cataloging-in-Publication Data

Names: Murray, Julie, author.

Title: Tiburones / by Julie Murray.

Other titles: Sharks. Spanish

Description: Minneapolis, MN : Abdo Kids, 2018. | Series: ¡Me gustan los
    animales! | Includes bibliographical references and index.

Identifiers: LCCN 2016963073 | ISBN 9781532101847 (lib. bdg.) |
    ISBN 9781532102646 (ebook)

Subjects: LCSH: Sharks--Juvenile literature. | Spanish language materials--
    Juvenile literature.

Classification: DDC 597.3--dc23

LC record available at http://lccn.loc.gov/2016963073

Contenido

Los tiburones

Todos los tiburones son peces.
La mayoría vive en el océano.

Los tiburones tienen aletas.

Les sirven para nadar.

¡Pueden nadar rápido!

Los tiburones respiran por las **branquias**.

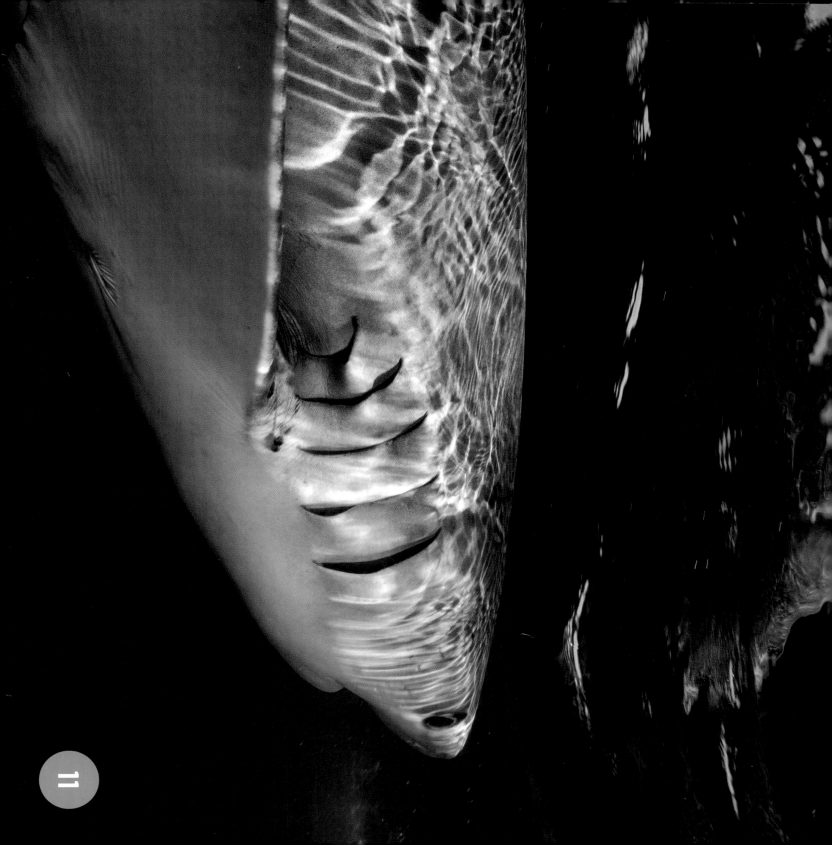

Muchos tiburones tienen los dientes afilados. Atrapan y desgarran a su **presa** con los dientes.

12

Los tiburones comen de todo. Algunos comen peces pequeños. Otros incluso comen cangrejos o focas.

El tiburón pintarroja
es pequeño.

El tiburón ballena es grande.

¿Has visto un tiburón alguna vez?

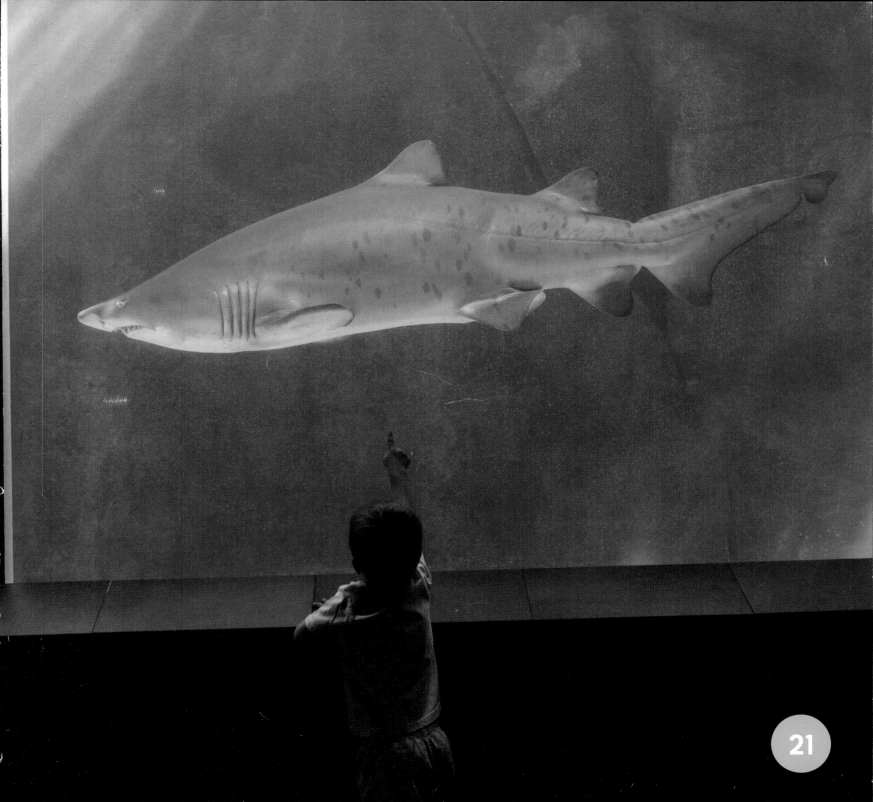

Algunas especies de tiburones

gran tiburón blanco

tiburón martillo

tiburón ángel

tiburón tigre

Glosario

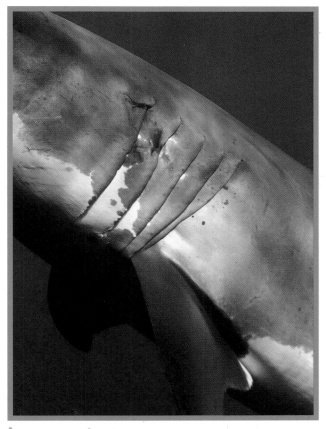

branquia
órgano que sirve para respirar
debajo del agua, lo tienen los peces
y otros animales acuáticos.

presa
animal que ha sido cazado para
alimento de otro.

Índice

abdokids.com

¡Usa este código para entrar en abdokids.com y tener acceso a juegos, arte, videos y mucho más!

Código Abdo Kids:
ISK9084

¿Has visto un tiburón
alguna vez?